INVENTAIRE
V53293

AF613388

ÉTUDE SOMMAIRE

DE LA

FABRICATION MÉCANIQUE DE CIGARETTES

AVEC DU TABAC DE LA HAVANE

A BUENOS-AYRES

PAR UNE SOCIÉTÉ ANONYME ARGENTINE OU ORIENTALE

RÉDIGÉE

PAR M. LE COMTE DE SUSINI-RUISECO

ADMINISTRATEUR-DIRECTEUR DE LA COMPAGNIE FRANÇAISE DE TABACS

POUR MM. C. ET A. DE ESPAÑA

PARIS

IMPRIMERIE ADMINISTRATIVE DE PAUL DUPONT

41, RUE JEAN-JACQUES-ROUSSEAU, 41

1873

ÉTUDE SOMMAIRE

DE LA

FABRICATION MÉCANIQUE DE CIGARETTES

Avec du Tabac de la Havane

A BUENOS-AYRES

PAR UNE SOCIÉTÉ ANONYME ARGENTNE, OU ORIENTALE.

RÉDIGÉE

PAR M. LE COMTE DE SUSINI-RUISECO.

ADMINISTRATEUR-DIRECTEUR DE LA COMPAGNIE FRANÇAISE DE TABACS.

POUR MM. C. ET A. DE ESPAÑA

DÉPÔT LÉGAL
N° 4058
1873

PARIS

IMPRIMERIE PAUL DUPONT

Rue Jean-Jacques-Rousseau, 41

1873

53293

ÉTUDE SOMMAIRE

DE LA

FABRICATION MÉCANIQUE DE CIGARETTES

A BUENOS-AYRES.

I

La population de la République Argentine étant de 1,500,000 habitants, nous croyons pouvoir la diviser dans les proportions suivantes, quant aux sexes et aux âges :

375,000 femmes.
375,000 jeunes filles.
375,000 jeunes garçons.
375,000 hommes.

L'habitude de fumer la cigarette est tellement développée dans le pays, que personne ne trouvera exagérée la proportion que nous allons prendre ci-après, pour établir le nombre de cigarettes qui doivent y être fumées par jour.

Or, pour établir cette consommation, nous supposons que ni les femmes, ni les jeunes filles, ni les jeunes garçons ne fument, et que sur chaque groupe de 100 hommes, on doit toujours trouver, en moyenne, à tous moments des 16 heures de la vie active de la journée, 10 cigarettes allumées des dimensions ordinaires de celles de la Havane (65 millim. × 6 millim. pesant 50 centigrammes, dont 40 centigrammes de tabac et 10 centigrammes de papier).

Le nombre d'hommes compris dans la population étant de

375,000, soit 3,750 groupes de 100 hommes, et la durée d'une cigarette des dimensions indiquées étant de 5 minutes, en terme moyen, il en résulte que chaque groupe doit consommer par jour 1,920 cigarettes, et que la consommation totale journalière doit s'élever à 7,200,000 cigarettes, qui représentent 2,628,000,000 cigarettes dans les 365 jours de l'année.

Comme les jours de travail que compte seulement, en moyenne, l'année solaire dans ledit pays, sont de 250, il en résulte que pour produire, dans ce nombre de jours, les 2,628,000,000 cigarettes de la consommation annuelle, il faut fabriquer 10,512,000 cigarettes par jour de travail.

En admettant que la consommation se fasse dans les proportions de 3/4 de cigarettes faites avec du tabac indigène, du Brésil, du Paraguay et autres provenances, et 1/4 de cigarettes faites avec du tabac havanais, il en résulte aussi que la consommation journalière donne les chiffres suivants :

5,400,000	cigarettes, contenant du tabac indigène, du Brésil, du Paraguay et autres provenances.
1,800,000	cigarettes, contenant du tabac de la Havane.
7,200,000	cigarettes en tout.

Si nous supposons que la fabrication mécanique, à Buenos-Ayres, des cigarettes faites avec du tabac havanais, vienne à se substituer complétement à l'importation qu'on y fait de la Havane, autant de cigarettes toutes faites que de tabac coupé, pour les fabriquer dans le pays, il en résulte qu'il faudra fabriquer mécaniquement à Buenos-Ayres 2,628,000 cigarettes avec du tabac havanais, dans chacun des 250 jours de travail de l'année solaire.

Nous voulons cependant attribuer seulement à ladite fabrication mécanique dans le pays les 3/4 de ce nombre de cigarettes, et en abandonner le 1/4 à l'importation directe de la Havane.

Il en résulte que l'importation sera de 657,000 cigarettes, et la fabrication mécanique de 1,971,000 par jour de travail. Disons, en chiffres ronds : 628,000 cigarettes importées.

2,000,000 id. fabriquées mécaniquement,

2,628,000 cigarettes en tout, qui représentent annuellement ce qui suit :

157,000,000 cigarettes importées.
500,000,000 id. fabriquées mécaniquement.

657,000,000 cigarettes en tout, qui représentent, à leur tour, ce qui suit :

6,280,000 paquets de 25 cigarettes importées.
20,000,000 id. id. fabriquées mécaniquement.

26,280,000 paquets de 25 cigarettes en tout, pendant l'année solaire, qui, pour la consommation journalière, représentent ce qui suit :

17,206 paquets de 25 cigarettes importées.
54,795 id. id. fabriquées mécaniquement.

72,001 paquets de 25 cigarettes en tout, qui, pour chacun des 250 jours de travail de l'année solaire, représentent une fabrication de 25,120 paquets de 25 cigarettes importées.
80,000 id. id. fabriquées mécaniquement.

105,120 paquets de 25 cigarettes en tout.

En résumé, nous trouvons par les démonstrations qui précèdent, que la Société anonyme Argentine, pour satisfaire, dans le pays, aux besoins de la consommation des cigarettes faites mécaniquement avec du tabac de la Havane, aurait à fabriquer :

500,000,000 cigarettes, ou 20,000,000 paquets de 25 cigarettes par année, soit :

1,369,863 cigarettes, ou 54,795 paquets de 25 cigarettes dans chacun des 365 jours de l'année solaire, soit :

2,000,000 cigarettes, ou 80,000 paquets de 25 cigarettes dans chacun des 250 jours de travail que compte en moyenne l'année solaire, dans la République Argentine.

II

Dans les plantations (Vegas) de l'île de Cuba, où se récoltent les meilleurs tabacs de la *Vuelta Abajo* (côte occidentale), on fait généralement six choix de la feuille, en les désignant comme suit :

1° La robe (capa),
2° La demi-robe (media capa),
3° La petite robe (capita),
4° Les entrailles (tripa),
5° Le menu (quebrado),
6° Le débris (capadura),

Les qualités du tabac de ces six choix sont toujours les mêmes, à chaque récolte de chaque plantation. Il n'y a d'autres différences entre un choix et un autre, que celles qui résultent des dimensions et de la perfection des feuilles, de leur couleur plus ou moins uniforme ou tachetée, de leur état plus ou moins sain, et selon qu'elles ont plus ou moins de veines (côtes), qu'elles sont plus ou moins unies et luisantes, plus ou moins épaisses, grasses, souples et veloutées.

Les quatre premiers choix servent respectivement à la fabrication des cigares de prix et ordinaires ; les deux derniers, à la fabrication des cigares à bas prix, ainsi qu'à celle des cigarettes.

On comprend aisément que les feuilles de premier choix sont plus chères que celles du second, et ainsi de suite, graduellement jusqu'au sixième. Il serait dommage d'employer les feuilles des quatres premiers choix à la fabrication de cigarettes, puisque, étant certain que les feuilles des deux derniers choix sont des mêmes provenances, qu'elles ont le même parfum et la même saveur que celles des quatre premiers choix, il est aussi certain que les plus grandes dimensions de celles-ci, l'uniformité de leur couleur, leur état plus ou moins entier, etc., deviennent inutiles pour la fabrication d'un objet où cette matière première s'emploie soit hachée en fils, soit coupée en petits rectangles, soit brisée en fragments.

La Société anonyme Argentine pourrait, en conséquence, fabriquer des cigarettes supérieures, soit de première qualité, avec du tabac excellent de l'île de Cuba, et dans des conditions très-économiques, en n'employant pour cette fabrication que la feuille des cinquième et sixième choix (menu et débris, *quebrado* et *capadura*), dont nous venons de parler.

Sous ce rapport essentiel, les cigarettes de la Société anonyme Argentine seraient en concurrence avec les meilleures cigarettes de la Havane qu'on importe à Buenos-Ayres.

La feuille des cinquième et sixième choix se vend à présent à la Havane, au prix *maximum* de 89 fr. 25 c. (soit 17 piastres fortes), la balle contenant, en terme moyen, 34 kilogrammes, (soit 75 livres espagnoles) net de feuilles mises en *manoques*, (manojos), provenant des districts de Consolacion-del-Sur, Guanajay, Mayari, Pinar-del-Rio, San-Juan y Martinez, Santiago-de-las-Vegas, etc.

Suivant ce prix maximum, les 100 kilogrammes valent	fr.	259
En y ajoutant, avec exagération, 33 1/3 0/0 (!), pour commissions, courtages, frais d'embarquement, fret, assurances, camionnages, etc., de la Havane, jusqu'aux magasins de la Société à Buenos-Ayres, soit . . .		87
ainsi que les droits d'entrée du tabac en feuilles de la Havane dans la République Argentine, qui sont fixés à 25 0/0, sur une valeur de 84 francs (16 piastres fortes) donnée à l'arrobe de 25 livres espagnoles (11 1/2 kilogrammes), plus 5 0/0 pour impôt additionnel ; ce qui correspond, pour les 100 kilogrammes, à		192
le prix total de revient des 100 kilogrammes des feuilles sus-indiquées s'élèvera tout au plus à	fr.	538

soit à 5 fr. 38 c. le kilogramme.

III

S'il s'agissait de fabriquer des cigares, il y aurait à ajouter au prix qui précède la valeur des côtes qui seraient perdues, et qui, dans le tabac en question, représentent une moyenne de 15 0/0 sur le poids des feuilles.

Mais, dans la fabrication des cigarettes, ces côtes ne sont pas perdues, car on s'en sert en employant le procédé suivant :

Après les avoir maintenues en macération pendant 48 heures dans de l'eau salée, où l'on aura mis une quantité convenable de côtes de tabac Kentucky, ou dans du jus provenant du pressage du tabac en carottes, on les laisse sécher au soleil et on les passe ensuite au laminoir pour les aplatir et les réduire à l'épaisseur du parenchyme des feuilles dont elles ont été retirées.

Par l'effet de la pression du laminoir, ces côtes prennent une couleur cendrée, qu'on fait disparaître en les faisant séjourner pendant le temps convenable dans un bain comme ci-dessus, dans lequel on aura ajouté les proportions voulues de mélasse, ocre anglais, nitre et nicotine étendue dans de l'esprit-de-vin ammoniacé, tenant en suspension une faible quantité d'acide benzoïque. (Ce mélange est très-inoffensif).

Les côtes reprennent ainsi presque la même couleur, souplesse odeur et autres propriétés des feuilles dont elles proviennent, et avec lesquelles on les mélange alors, en les plaçant soigneusement dans le sens longitudinal des feuilles, avant l'opération du hachage, dans les mêmes proportions qu'elles y existaient avant l'écotage.

Ce procédé facile et économique n'a aucune influence sur la qualité de la cigarette, puisque les côtes ainsi préparées deviennent imperceptibles à l'œil, au toucher et au goût, au milieu du tabac haché.

IV

En prenant comme base, pour la présente étude, une fabrication annuelle, par la Société anonyme Argentine, de 500,000,000 cigarettes, ou 20,000,000 paquets de 25 cigarettes, soit une fabrication de 2,000,000 cigarettes, ou 80,000 paquets de 25 cigarettes dans chacun des 250 jours de travail attribués à l'année solaire (chap. I), et en adoptant pour les cigarettes le module havanais des dimensions avantageuses que produisent actuellement les machines Susini, soit des cigarettes de 70 m/m × 7 m/m, pesant, en terme moyen, 80 centigrammes, dont 70 centigrammes de tabac et 10 centigrammes de papier,

il en résulte que la quantité de tabac haché qui sera contenue dans lesdites cigarettes, sera de 350,000 kilogrammes.

Pour tenir compte des pertes à subir pendant la fabrication en déchets, poussière, poussier, balayures, etc., nous ajouterons exagérément 10 0/0 audit poids de tabac haché, c'est-à-dire 35,000 kilogrammes, et il en résultera que le poids brut de tabac nécessaire pour fabriquer les 500,000,000 cigarettes sera de 385,000 kilogrammes.

Or, comme d'après ce que nous avons dit au chapitre III, on ne doit s'attendre à aucune perte sur le poids du tabac en feuilles, en raison des côtes, pour la réduire en tabac haché propre à faire des cigarettes, le prix des 385 kilogrammes de tabac ci-dessus doit être estimé à raison de 5 fr. 38 c. par kilogramme, d'après le devis du chapitre II, et en conséquence, le montant total de cette matière première sera de. . fr. 2,071,300

V

Le déballage et l'arrosage de 385,000 kilogrammes de tabac en feuilles non écotées, dans les 250 jours de travail de l'année solaire, exigera approximativement l'emploi de 10 26/00 hommes, déballant et arrosant chacun, en terme moyen, 250 grammes de tabac par minute, soit 150 kilogrammes seulement en 10 heures de travail utile par jour.

Disons, en chiffres ronds, 11 hommes, dont les salaires, à raison de 8 francs par jour, monteront à. . . . . . . fr. 22,000

VI

L'écotage de 385,000 kilogrammes de tabac en feuilles déjà arrosées, dans les 250 jours de travail de l'année solaire, exigera approximativement l'emploi de 25 66/00 femmes, écotant chacune, en terme moyen, 100 grammes de tabac par minute, soit 60 kilogrammes en 10 heures de travail utile par jour.

Disons, en chiffres ronds, 26 femmes, dont les salaires, à raison de 6 francs par jour, monteront à . . . . . . fr. 39,000

VII

La macération, le séchage et le laminage à la mécanique de 57,750 kilogrammes de côtes, soit 15 0/0, en terme moyen, sur 385,000 kilogrammes de tabac en feuilles (chap. III), dans les 250 jours de travail de l'année solaire, exigeront approximativement l'emploi de 3 84/00 garçons, qui manipuleront, sécheront et lamineront chacun 100 grammes de côtes par minute, soit 60 kilogrammes en dix heures de travail utile par jour.

Disons, en chiffres ronds, 4 garçons, dont les salaires, à raison de 5 francs par jour, monteront à . . . . fr. 5,000

VIII

La coloration, l'égouttage et le mélange des 57,750 kilogrammes de côtes laminées avec les feuilles écôtées, exigeront, en chiffres ronds, 4 garçons produisant une somme de travail comme au chapitre précédent, et coûtant aussi . . . . . . fr. 5,000

IX

Le hachage de 385,000 kilogrammes de feuilles de tabac écôtées et de côtes laminées et coloriées, dans les 250 jours de travail de l'année solaire, exigera l'emploi de 10 26/00 hommes, hachant mécaniquement chacun, en terme moyen, 250 grammes de tabac et de côtes par minute, soit 150 kilogrammes en dix heures de travail utile par jour.

Disons, en chiffres ronds, 11 hommes, dont les salaires, à raison de 8 francs par jour, coûteront . . . . fr. 22,000

X

La rame de papier espagnol de grandeur ordinaire, dit florete, se compose de 500 feuilles, dont chacune produit un minimum de 40 feuillets pour autant de cigarettes, rognures et déchets déduits. Or, pour les 500,000,000 cigarettes de la fabrication annuelle, il faudra employer 12,500,000 feuilles, soit 25,000 rames, qui, au prix maximum de 12 francs et demi, coûteront. . fr. 312,500

XI

Le déballage et l'apprêt pour le découpage à la mécanique de 25,000 rames de papier dans les 250 jours de travail de l'année solaire, exigera l'emploi de 2 garçons et demi, déballant et apprêtant chacun, en terme moyen, une rame de papier par quart heure, soit 40 rames en dix heures de travail utile par jour.

Disons, en chiffres ronds, 3 garçons, dont les salaires, à raison de 5 francs par jour, monteront à . . . . fr. 3,750

XII

Le découpage à la mécanique, de 25,000 rames de papier, dans les 250 jours de travail de l'année solaire, exigera l'emploi de 5 hommes, découpant chacun, en terme moyen, une rame de papier par demi-heure, soit vingt rames en dix heures de travail utile par jour.

Les salaires de ces cinq hommes, à raison de 8 francs par jour, monteront à . . . . fr. 10,000

XIII

L'empaquetage des 500,000,000 feuillets de papier produits par les 25,000 rames découpées dans les 250 jours de travail de l'année solaire, exigera l'emploi de 20 garçons, empaquetant chacun, en terme moyen, 2,500 feuillets par quart d'heure, soit 100,000 feuillets en dix heures de travail utile par jour.

Les salaires de ces ouvriers, à raison de cinq francs par jour, monteront à . . . . fr. 25,000

XIV

Le système de paquets, en forme étuis rectangulaires à charnière, façon portefeuille, ci, par exemple :

faits en papier cartonné, glacé ou non, et gaufré ou chromolithographié, lithographié ou imprimé, et contenant chacun 25 cigarettes, nous semble le plus élégant, le plus agréable à l'œil, le plus propre et le plus commode pour l'empaquetage, la conservation et le port des cigarettes.

La main-d'œuvre pour leur fabrication à la mécanique est bon marché, et leur coût total revient bien modéré, à l'aide des outils que nous possédons, pouvant faire 10,000 étuis, en terme moyen, en dix heures de travail utile, tout collés et même remplis de cigarettes.

Les 500,000,000 cigarettes de la fabrication annuelle exigeront 20,000,000 étuis de 25 cigarettes, qui pourraient être assortis comme suit :

5 0/0 soit 1,000,000 chromolithographiés.
10 0/0 soit 2,000,000 lithographiés.
15 0/0 soit 3,000,000 glacés et gaufrés.
20 0/0 soit 4,000,000 imprimés.
50 0/0 soit 10,000,000 gaufrés, non glacés.

Le papier cartonné glacé et non glacé pour chaque étui pèse, en terme moyen, 3 grammes et demi, mais à ce poids il faut ajouter 25 0/0 au maximum, soit 87 centigrammes et demi, pour tenir compte des rognures et déchets perdus pendant la façon des étuis et jusqu'à leur emplissage, ce qui donne un poids total de 4 grammes 37 centigrammes et demi de papier cartonné par étui.

Pourtant, pour faire les 20,000,000 étuis, il faudra employer les quantités suivantes de papier cartonné :

4,375	kilog.	de papier	cartonné fin, pour 1,000,000 étuis chromolithographiés ;
8,750	—	—	demi-fin, pour 2,000,000 étuis lithographiés ;
13,125	—	—	glacé, pour 3,000,000 étuis glacés et gaufrés ;
61,250	—	—	ordinaire, pour 4,000,000 étuis imprimés et 10,000,000 étuis gaufrés ;
87,500	kilog. ensemble.		

Les prix maximum, à Paris, du papier cartonné ci-dessus peut être estimé comme suit :

A 75 centimes par kilogramme, la qualité ordinaire;

A 1 franc par kilogramme, la qualité demi-fine;

A 1 fr. 50 c. par kilogramme, la qualité fine;

A 2 francs par kilogramme, la qualité dite glacée.

En estimant que ces prix monteraient au double, à Buenos-Ayres, en raison des frais de transport et généraux, et en raison des droits, le papier cartonné nécessaire pour les 20,000,000 étuis coûtera comme suit :

		Fr.
61,250	kilog. de qualité ordinaire, à 1 fr. 50 c. . .	91,875
8,750	— de qualité demi-fine, à 2 francs . .	17,500
4,375	— de qualité fine à 3 francs	13,125
13,125	— de qualité dite glacée, à 4 francs . .	52,500
87,500	kilogrammes. Totaux	175,000

XV

L'impression chromolithographique de 1,000,000 étuis (Chapitre XIV), à raison de 25 francs par 1,000, coûtera . . . . fr. 25,000

XVI

L'impression lithographique de 2,000,000 étuis (chapitre XIV), à raison de 6 francs par 1,000, coûtera . . . . . fr. 12,00

XVII

L'impression typographique de 4,000,000 étuis (chapitre XIV) à raison de 3 francs par 1,000, coûtera . . . . . fr. 12,000

XVIII

Le découpage à l'emporte-pièce mécanique dans les 250 jours

de travail de l'année solaire, des plaques en papier cartonné pour les 20,000,000 étuis, emploiera 4 44 0/0 hommes, découpant chacun, en terme moyen, 1 plaque en deux secondes de temps, soit 18,000 plaques en dix heures de travail utile.

Disons en chiffres ronds, 5 hommes, dont les salaires, à raison de 8 francs par jour, coûteront. . . . . fr. 10,000

XIX

Le gaufrage à la mécanique dans les 250 jours de travail de l'année solaire de 13,000,000 étuis (chapitre XIV), nécessitera l'emploi de 2 88 0/0 hommes, gaufrant chacun, en terme moyen, 1 plaque par deux secondes de temps, soit 18,000 plaques en dix heures de travail utile par jour.

Disons en chiffres ronds, 3 hommes, dont les salaires, à raison de 8 francs par jour, coûteront . . . . fr. 6,000

XX

Le pliage, le moulage et le collage de 20,000,000 étuis, dans les 250 jours de travail de l'année solaire, nécessitera l'emploi de 8 machines *ad hoc*, assistées de 30 jeunes filles, soit 3 jeunes filles par machine, et produisant, chacune de celles-ci, 50 étuis finis par cinq minutes, soit 10,000 étuis en dix heures de travail utile par jour.

Les salaires de ces 30 jeunes filles, à raison de 4 francs par jour, monteront à. . . . . fr. 30,000

XXI

L'alimentation des machines à compter et à mettre les 500,000,000 cigarettes en étuis dans les 250 jours de travail de l'année solaire, nécessitera l'emploi de 11 11/00 jeunes filles, qui mettront, en terme moyen, 5 cigarettes par 5 secondes de temps, soit 180,000 cigarettes en dix heures de travail utile par jour, dans 11 11/00 appareils à compter et à mettre des cigarettes en étuis.

Disons en chiffres ronds, 12 jeunes filles pour alimenter 12 appareils, dont les salaires, à raison de 4 francs par jour, coûteront . . . . fr. 12,00

XXII

Le comptage à la mécanique de 500,000,000 cigarettes dans les 250 jours de travail de l'année solaire, nécessitera l'emploi de 11 11/00 jeunes filles, pour assister 11 11/00 appareils à compter, qui compteront en moyenne 5 cigarettes par seconde de temps, soit 180,000 cigarettes, en dix heures de travail utile par jour.

Disons en chiffres ronds, 12 jeunes filles, pour assister 12 appareils, dont les salaires, à raison de 4 francs par jour, coûteront. fr. 12,000

XXIII

L'emboîtement à la mécanique de 500,000,000 cigarettes, dans 20,000,000 étuis de 25 cigarettes, pendant les 250 jours de travail de l'année solaire, nécessitera l'emploi de 11 11/00 jeunes filles, pour assister 11 11/00 appareils à emboîter, qui emboîteront en moyenne 5 cigarettes par seconde de temps, soit 18,000 cigarettes ou 7,200 étuis de 25 cigarettes en dix heures de travail utile par jour.

Disons en chiffres ronds, 12 jeunes filles pour assister 12 appareils à emboîter, dont les salaires, à raison de 4 francs par jour, coûteront. . . . . fr. 12,000

XXIV

La fermeture à la main de 20,000,000 étuis, dans les 250 jours de travail de l'année solaire, exigera l'emploi de 11 11/00 jeunes filles, dont chacune fermera, en terme moyen, un étui par 5 secondes de temps, soit 7,200 boîtes-étuis en dix heures de travail utile.

Disons en chiffres ronds, 12 jeunes filles, dont les salaires, à raison de 4 francs par jour, coûteront. . . . . . . fr. 12,000

XXV

L'emballage des étuis de cigarettes doit se faire en partie dans des boîtes carrées ordinaires en carton fort, renfermant chacune 100 étuis, qui contiendront, partant ensemble, 2,500 cigarettes.

En supposant que les 20,000,000 étuis de 25 cigarettes de la fabrication annuelle seront vendus dans les proportions suivantes :

1/4, soit 5,000,000 étuis au détail, sans être cartonnés.

1/4, soit 5,000,000 étuis en gros, cartonnés.

1/2, soit 10,000,000 étuis pour l'exportation emballés dans des caisses en bois de transport,

il en résultera que 5,000,000 étuis seulement auront à être mis en boîtes ordinaires en carton.

Or, ce nombre d'étuis nécessitera 50,000 boîtes ordinaires en carton.

Nous n'en pouvons pas fixer au juste le prix de revient à Buenos-Ayres, mais nous sommes persuadés qu'en les estimant à 2 francs pièce, y compris le coût de la main-d'œuvre pour leur emplissage avec des étuis à cigarettes, et en supposant qu'une femme puisse remplir une boîte en carton en 10 minutes de temps, soit 200 boîtes d'emballage en 10 heures de travail utile par jour, nous nous plaçons au-dessus de la vérité.

Partant, la dépense totale pour les 50,000 boîtes ordinaires d'emballage en carton sera de . . . . fr. 100,000

XXVI

La mise des 10,000,000 étuis (chapitre XXV) dans des caisses en bois pour le transport, pourra se faire dansdes caisses de la

R.F. IMPRIMÉS

contenance de 2,500 étuis de 25 cigarettes, placés ou non dans des boîtes d'emballage en carton.

Or, il faudra 4,000 caisses de transport en bois, qui, au prix maximum de 10 francs chacun, coûteront . . . . . fr. 40,000

XXVII

Les machines du système Susini (nouveau modèle) font, en moyenne, 400 tours à la minute, mues à la vapeur à une vitesse convenable. Tous les 10 tours, elles produisent une cigarette, soit 40 cigarettes à la minute, ou 2,400 à l'heure, ce qui représente 24,000 pièces par journée de 10 heures de travail utile.

Néanmoins, dans la prévision de tout ralentissement éventuel dans la marche des machines, nous réduirons pour cet aperçu ledit rendement à 18,000 pièces seulement par jour, soit à 1,800 pièces par heure, ou 30 à la minute, comme si la machine ne marchait, en terme moyen, qu'à la vitesse de 300 révolutions par minute. C'est diminuer de 25 0/0 la production moyenne que la machine peut donner. Il résulte de cette diminution qu'il faut élever au nombre de 111 11/00 machines celles qui seraient nécessaires pour fabriquer 2,000,000 cigarettes en 10 heures de travail utile dans chacun des 250 jours de travail de l'année solaire, tandis qu'avec 83 33/00 machines, on pourrait obtenir le même produit. Il résulte de ce fait, que nous avons ajouté 27 78/00 machines au nombre nécessaire.

Mais, en prévision encore de tout dérangement éventuel qui pourrait se produire dans les organes des machines ou dans leurs outils accessoires, nous voulons compter une machine de rechange sur chaque groupe de 5 machines mises sur place à l'atelier. Plus clair, nous voulons considérer les machines de l'usine divisées en groupes de 5 machines, dont 4 seulement fonctionneront, donnant un rendement net de 72,000 cigarettes en 10 heures de travail utile par jour.

Il est ainsi évident que, même sans faire attention à la production modérée que nous avons déjà attribuée ci-dessus à chaque machine (18,000 cigarettes, au lieu de 24,000), s'il arrivait par hasard qu'une machine sur 4 vînt à se dérégler pendant le fonctionnement, il n'y aurait pour cela aucun temps perdu, car il suffirait de mettre immédiatement en marche la machine de rechange du groupe correspondant, et le rendement de 72,000 cigarettes dudit groupe serait ainsi assuré.

Cette augmentation d'une machine de rechange sur chaque groupe de 4 machines en fonctionnement représente un surcroît de garantie de production de 25 0/0, qui vient augmenter la confiance qu'on doit avoir au sujet de la réalité de la fabrication journalière de 2,000,000 cigarettes en 10 heures de travail utile par jour, au moyen des 111 11/00 machines que nous avons supputées ci-dessus comme devant être en fonctionnement constant pendant ledit temps.

Considérant donc que lesdites 111 11/00 machines (disons 112 machines en chiffres ronds) représentent 28 groupes de 4 machines en fonctionnement, et que chacun de ces groupes doit avoir 1 machine de rechange, il en résulte que le nombre total de machines à cigarettes que la Société devra mettre sur place dans son atelier, sera comme suit:

112 en fonctionnement.
 28 de rechange.

140 machines ensemble, lesquelles, ne devant produire que 2,000,000 cigarettes, en 10 heures de travail utile par jour, donnent un terme moyen de 14,282 cigarettes par machine, soit 1,428 par heure, ou 23 80/00 cigarettes par minute, en supposant que toutes les 140 machines soient en fonctionnement.

Pour faciliter la direction des travaux et la surveillance de la fabrication, ainsi que les opérations qui s'y rapportent, et pour éviter l'encombrement des ouvriers, en en économisant aussi le nombre, la disposition des machines dans un atelier bien distribué devra être faite par rangées horizontales de 100 machines signalées alphabétiquement (A, B, C, D, etc.), chaque rangée se composant de 4 séries horizontales signalées aussi alphabétiquement (a, b, c, d, etc.), chacune de ces séries devant compter 5 groupes signalés par chiffre romains (I, II, III, IV etc.), de 5 machines, signalées arithmétiquement (1, 2, 3, 4, etc.).

Les séries des machines, ainsi disposées, devront être reliées par un chemin de fer circulaire à d'autres séries d'appareils accessoires à faire des tablettes de tabac pour alimenter les machines à cigarettes; lesdits appareils devront être mis également en rangées horizontales (A, B, C, D, etc.) de 40 appareils, et chaque rangée devant se composer aussi de 4 séries horizontales (a, b, c, d, etc.), comme pour les machines à cigarettes, chacune de ces séries devant compter 5 groupes (I, II, III, IV, etc.,) de 2 appareils nos 1 à 10, destinés à desservir 5 groupes de 5 machines à cigarettes.

Nous indiquons cette distribution de machines et appareils dans le plan ci-annexé, afin de permettre de bien comprendre l'application, les postes et les places que doit occuper dans l'atelier de fabrication de cigarettes le personnel dont nous allons parler dans les chapitres ultérieurs.

Nous dirons, enfin, que l'usine devrait être établie dans un bâtiment à quatre étages, dont le 4e serait destiné aux machines à hacher, le 3me aux appareils accessoires à faire des tablettes de tabac et aux machines à cigarettes, le 2e aux appareils à compter et à empaqueter les cigarettes, et le 1er à l'emballage, aux moteurs, aux magasins et autres services.

De cette manière, le tabac haché (4e étage), pourrait être déversé sur les appareils à tablettes (3e étage), et les cigarettes pourraient à leur tour être déversées sur les appareils à les compter et à les empaqueter (2e étage), pour être enfin déversées au 1er étage (emballage, magasins etc.), en faisant toutes ces translations au moyen de conduits spéciaux à travers les planchers qui économiseraient beaucoup d'ouvriers colporteurs et éviteraient l'encombrement du personnel.

L'alimentation du tabac dans les machines à cigarettes doit être faite au moyen des tablettes de ladite matière, préparées dans des appareils exprès, et chaque groupe de 5 machines à cigarettes, dont 4 en fonctionnement, requiert l'emploi de deux appareils doubles à tablettes.

Or, pour les 140 machines à cigarettes, dont 112 seulement seront en fonctionnement, il faudra employer 56 appareils simples à tablettes de tabac.

En y ajoutant l'appareil double de rechange, par chaque quadrille de 4 appareils en fonctionnement, il en résulte que le nombre d'appareils qu'on devra monter, à l'usine, sera de 70, comme suit :

56 en fonctionnement,
14 de rechange.
70 appareils à tablettes de tabac, disposés dans deux ateliers, un à chaque côté des machines à cigarettes, lesdits appareils devant être rangés dans la même forme que nous avons décrite pour ces dernières.

XXVIII

Voici, en forçant les calculs, c'est-à-dire en diminuant, comme nous avons du reste fait jusqu'ici, la somme de travail que les ouvriers peuvent rendre en 10 heures de travail utile par jour, quel est le personnel spécial que réclament les machines à faire les cigarettes et leurs appareils accessoires, en dehors du personnel que nécessitent les diverses opérations annexes à la fabrication des cigarettes, qui sont comprises dans les chapitres qui précèdent :

1 Jeune fille par groupe de 5 machines à cigarettes, pour alimenter de tablettes de tabac les 4 machines qui seront en fonctionnement.

1 Jeune fille par d° d° , pour trier les cigarettes, et en défaire les rebuts.

1 Régleur mécanicien par série simple de 25 machines à cigarettes, composée de 5 groupes de 5 machines, dont 4 machines en fonctionnement et une de rechange, soit ensemble 20 machines en fonctionnement et 5 de rechange, pour veiller à leur bonne marche, pour les entretenir en bon état et pour les régler au besoin.

1 Garçon manœuvre pour assister le régleur mécanicien ci-dessus.

1 Ajusteur-mécanicien, par série simple de 25 machines (comme pour le régleur mécanicien), pour faire dans l'atelier de réparation celles qui seraient nécessaires aux machines et aux appareils accessoires.

1 Garçon manœuvre pour assister l'ajusteur-mécanicien ci-dessus.

1 Tourneur-mécanicien, par série double de 50 machines (composée de deux séries simples de 25 machines, comprenant chaque série simple 5 groupes de 5 machines, dont 4 en fonctionnement et 1 de rechange, soit ensemble, pour la série double, 40 machines en fonctionnement et 10 de rechange, pour tourner dans l'atelier de réparation les pièces usées ou autrement détériorées.

1 Garçon manœuvre pour assister le tourneur-mécanicien ci-dessus.

1 Maître mécanicien, par rangée de 4 séries simples de 25 machines chacune, comprenant ensemble 100 machines, dont 80 en fonctionnement et 20 de rechange, pour diriger les travaux des régleurs, ajusteurs et tourneurs et pour surveiller l'entretien des machines et de leurs appareils accessoires.

1 Garçon manœuvre pour assister le maître mécanicien ci-dessus.

1 Garçon entasseur de tabac pour en faire des pains, par appareil à les apprêter, ces appareils devant être dans la proportion de 2 appareils pour desservir chaque groupe de 4 machines à cigarettes en fonctionnement.

1 Garçon coupeur de tablettes de tabac, par chaque appareil à en apprêter des pains, ces appareils devant être dans les mêmes proportions, ci-dessus.

1 Garçon rangeur de tablettes de tabac dans les chariots de transport, chaque appareil à apprêter des pains de ladite matière, ces appareils devant être dans les mêmes proportions que ci-dessus.

2 Garçons traîneurs de 2 chariots à porter les tablettes de tabac, par chaque deux séries simples de 10 appareils à en

apprêter des pains, soit ensemble 20 appareils pour desservir 2 séries simples de 25 machines à cigarettes, soit enfin 50 machines, dont 40 en fonctionnement et 10 de rechange.

2 Garçons distributeurs des tablettes de tabac, soit 1 garçon par chariot, etc., comme ci-dessus.

1 Contre-maître de fabrication de tablettes de tabac par rangée de 4 séries simples de 10 appareils à apprêter lesdites tablettes, soit ensemble 40 appareils pour desservir 4 séries simples de 25 machines à cigarettes, soit enfin 100 machines, dont 80 en fonctionnement et 20 de rechange.

1 Garçon manœuvre pour assister le contre-maître ci-dessus.

1 Graisseur par rangée de 4 séries simples de 25 machines à cigarettes, soit ensemble 100 machines, dont 80 en fonctionnement et 20 de rechange.

XXIX

Le personnel attaché au service du matériel de mécanique général ordinaire de l'usine, en dehors du personnel spécial que réclament les machines à faire les cigarettes et leurs appareils annexes, ainsi qu'en dehors du personnel que nécessitent les diverses opérations annexes à la fabrication des cigarettes, comprises dans les chapitres antérieurs, est comme suit en calculant exagérément :

1 Machiniste en chef pour 1 moteur, calculé à raison de 2 chevaux vapeur par série de 25 machines à cigarettes, pour suffire à tous les travaux de l'usine.

1 Garçon manœuvre pour assister le machiniste en chef ci-dessus.

1 Chauffeur pour d° d° d°.

1 Machiniste en 2d pour ledit moteur.

1 Garçon manœuvre pour assister le machiniste en 2d ci-dessus.

1 Chauffeur pour d° d° d°.

1 Garde-magasin du matériel mécanique.
1 Commis comptable du d°.
2 Hommes de peine du d°.
1 Ingénieur en chef pour la direction générale de tous les travaux de mécanique.
1 d° en second d° d° d°.
1 Dessinateur-mécanicien aux ordres des deux ingénieurs ci-dessus.
1 Commis de bureau, aux ordres des d° d°.

XXX

Le montant des salaires annuels pour 250 jours de travail, du personnel spécial que réclament les 140 machines à faire les cigarettes (chapitre XXVII) et leurs appareils accessoires, suivant la désignation faite au chapitre XXVII, sont comme suit :

	Fr.
28 Jeunes filles, pour alimenter de tablettes de tabac les machines à cigarettes, à raison de 4 francs par jour.	8,000
28 d° d° pour trier les cigarettes et en défaire les rebuts; à raison de 4 francs par jour.	28,000
5 60/00 (disons en chiffres ronds 6) régleurs mécaniciens; à raison de 15 francs par jour. . .	22,500
6 Garçons manœuvres, pour assister les régleurs mécaniciens ci-dessus ; à raison de 5 francs par jour.	7,500
5 60/00 (disons en chiffres ronds 6) ajusteurs-mécaniciens; à raison de 15 francs par jour. . . .	22,500
6 Garçons manœuvres pour assister les ajusteurs-mécaniciens ci-dessus ; à raison de 5 francs par jour.	7,500
2 80/00 (disons en chiffre ronds 3) tourneurs-mécaniciens; à raison de 15 francs par jour. . . .	11,250
3 Garçons manœuvres pour assister les tourneurs-	
A reporter . .	127,250

	Fr.
Report . .	127,250
mécaniciens ci-dessus ; à raison de 5 francs par jour.	3,750
1 40/00 (disons en chiffres ronds 2) maîtres-mécaniciens ; à raison de 20 francs par jour. . . .	10,000
2 Garçons manœuvres pour assister les maîtres-mécaniciens ci-dessus ; à raison de 5 francs par jour	2,500
56 Garçons entasseurs de tabac, pour en faire des pains ; à raison de 5 francs par jour.	70,000
56 Garçons coupeurs de tablettes de tabac ; à raison de 5 francs par jour	70,000
56 Garçons rangeurs de tablettes de tabac dans les chariots de transport ; à raison de 5 francs par jour.	70,000
5 60/00 (disons en chiffres ronds 6) garçons traîneurs de 6 chariots à porter les tablettes de tabac ; à raison de 5 francs par jour.	7,500
5 60/00 (disons en chiffres ronds 6) garçons distributeurs de tablettes de tabac ; à raison de 5 francs par jour.	7,500
1 40/00 (disons en chiffres ronds 2) contre-maîtres de fabrication de tablettes de tabac ; à raison de 15 francs par jour.	7,500
2 Garçons manœuvres pour assister les contre-maîtres de fabrication de tablettes de tabac ci-dessus ; à raison de 5 francs par jour.	2,500
1 40/00 (disons en chiffres ronds 2) graisseurs ; à raison de 8 francs par jour	4,000
Ensemble	382,500
Imprévus	7,500
Total en chiffres ronds	390,000

XXXI

Le montant des appointements et des salaires annuels, pour

250 jours de travail, du personnel attaché au service du matériel mécanique général ordinaire de l'usine, en dehors du personnel spécial que réclament les machines à faire les cigarettes et leurs appareils-annexes (chapitres XXVIII et XXX), ainsi qu'en dehors du personnel que nécessitent les diverses opérations annexes à la fabrication des cigarettes comprises dans les autres chapitres antérieurs, est comme suit, d'après la désignation faite au chapitre XXIX :

	Fr.
1 Machiniste en chef; à raison de 25 francs par jour	6,250
1 Garçon manœuvre pour assister le machiniste en chef ci-dessus ; à raison de 5 francs par jour. .	1,250
1 Chauffeur pour assister le machiniste en chef ci-dessus; à raison de 8 francs par jour.	2,000
1 Machiniste en second; à raison de 20 francs par jour	5,000
1 Garçon manœuvre pour assister le machiniste en second ci dessus ; à raison de 5 francs par jour.	1,250
1 Chauffeur pour assister le machiniste en second ci-dessus ; à raison de 8 francs par jour. . . .	2,000
1 Garde-magasin du matériel de mécanique; à raison de 25 francs par jour.	6,250
1 Commis comptable, aux ordres du garde-magasin ci-dessus ; à raison de 15 francs par jour. . .	3,750
2 Hommes de peine, aux ordres du garde-magasin ci-dessus ; à raison de 8 francs par jour	4,000
1 Ingénieur en chef; à raison de 40 francs par jour	10,000
1 — en second; à raison de 35 francs par jour	8,750
1 Dessinateur mécanicien; à raison de 20 francs par jour	5,000
1 Commis de bureau aux ordres des ingénieurs ci-dessus; à raison de 10 francs par jour.	2,500
Ensemble	58,000
Imprévus.	7,000
Total en chiffres ronds.	65,000

XXXII

Les frais annuels, pour 250 jours de travail, du personnel destiné aux services non mécaniques de l'usine, en dehors du personnel qui est compris dans les diverses opérations spéciales qui ont été détaillées dans les chapitres précédents, s'élèveront au maximum aux chiffres suivants :

	Fr.
2 Maîtres de fabrication, soit 1 maître par quotité de 1,000,000 cigarettes fabriquées par jour ; à raison de 30 francs par jour	15,000
2 Garçons manœuvres, aux ordres des maîtres de fabrication ; à raison de 5 francs par jour . . .	2,500
2 Surveillants de fabrication, soit 1 surveillant par quotité de 1,000,000 cigarettes fabriquées par jour ; à raison de 25 francs par jour	12,500
2 Comptables de fabrication, soit 1 comptable par quotité de 1,000,000 cigarettes fabriquées par jour ; à raison de 25 francs par jour.	10,000
2 Payeurs d'ouvriers, soit 1 payeur par quotité de 1,000,000 cigarettes fabriquées par jour ; à raison de 15 francs par jour.	7,500
1 Garde-magasin de matériaux de fabrication ; à raison de 25 francs par jour	6,250
2 Comptables aux ordres du garde-magasin ci-dessus ; à raison de 15 francs par jour.. . . .	7,500
4 Hommes de peine, aux ordres du garde-magasin ci-dessus ; à raison de 8 francs par jour. . . .	8,000
1 Garde-magasin de produits fabriqués ; à raison de 25 francs par jour.	6.250
2 Comptables aux ordres du garde-magasin ci-dessus ; à raison de 15 francs par jour . . .	7,500
4 Hommes de peine, aux ordres du garde-magasin ci-dessus ; à raison de 8 francs par jour. . . .	8,000
A reporter . .	91,000

	Fr.
Report . .	91,000
10 Employés subalternes des ateliers, soit 5 employés sans poste fixe, par quotité de 1,000,000 cigarettes fabriquées; à raison de 24 francs par jour	25,000
4 Hommes de peine des ateliers, soit 2 hommes de peine par quotité de 1,000,000 cigarettes fabriquées; à raison de 8 francs par jour	9,000
4 Garçons manœuvres des ateliers, soit 2 garçons par quotité de 1,000,000 cigarettes fabriquées; à raison de 5 francs par jour	5,000
2 Balayeurs, soit 1 balayeur par quotité de 1,000,000 cigarettes fabriquées; à raison de 8 francs par jour.	4,000
2 Commissionnaires, soit 1 commissionnaire par quotité de 1,000,000 cigarettes fabriquées; à raison de 8 francs par jour	4,000
4 Camionneurs, soit 2 camionneurs pour deux camions par quotité de 1,000,000 cigarettes fabriquées; à raison de 8 francs par jour. . . .	8,000
2 Garçons de remise et d'écurie, soit 1 garçon par camionneur ci-dessus, pour les assister dans les soins à donner aux chevaux de trait et aux harnais et camions; à raison de 5 francs par jour.	2,500
1 Portier contrôleur d'entrée de matériaux; à raison de 10 francs par jour.	2,500
1 Portier contrôleur de sortie de produits fabriqués; à raison de 10 francs par jour.	2,500
1 Pointeur d'entrée et de sortie des ouvriers dans l'usine; à raison de 10 francs par jour.	2,500
1 Concierge principal de l'usine; à raison de 12 fr. 50 c. par jour	3,135
2 Gardes de nuit de l'usine; à raison de 8 francs par jour.	4,000
A reporter . .	163,135

	Fr.
Report . .	163,135
1 Économe de l'usine ; à raison de 20 francs par jour.	5,000
1 Commis comptable, aux ordres de l'économe ci-dessus ; à raison de 12 fr. 50 par jour.	3,125
1 Conservateur général de l'usine ; à raison de 35 francs par jour.	8,750
1 Commis comptable aux ordres du conservateur général de l'usine ; à raison de 12 fr. 50 par jour	3,115
1 Directeur en chef de l'usine ; à raison de 50 francs par jour	12,500
1 Surveillant général en chef des travaux de l'usine ; à raison de 40 francs par jour.	10,000
1 Secrétaire de la direction de l'usine ; à raison de 30 francs par jour	7,500
2 Commis des bureaux de l'usine, aux ordres des directeurs et surveillants ci-dessus ; à raison de 15 francs par jour	7,500
1 Teneur de livres des bureaux de la direction de l'usine ; à raison de 25 francs par jour. . . .	6,250
1 Caissier de l'usine ; à raison de 25 francs par jour.	6,250
1 Contrôleur de comptes d° d° ; à raison de 25 francs jour.	6,250
6 Commis subalternes de d° d° ; à raison de 15 francs par jour.	22,500
1 Garçon de recettes de d° d° ; à raison de 12 fr. 50 par jour	3,125
2 Garçons de bureau de d° d° ; à raison de 10 francs par jour.	5,000
1 Commissionnaire de l'usine ; à raison de 8 francs par jour.	2,000
1 Portier de l'usine ; à raison de 8 francs par jour .	2,000
	274,000
Imprévus.	6,000
Total en chiffres ronds.	280,000

Nota. Il sera en outre attribué à ce personnel 1 1/4 0/0 sur les bénéfices nets de la Société (voir chap. XL.)

XXXIII

Les frais spéciaux pour la fabrication de 500,000,000 cigarettes en 250 jours de travail, en dehors de la valeur des matériaux principaux, tels que tabac, papier, étuis, boîtes d'emballage et caisses de transport, ainsi que pour l'entretien des machines, appareils accessoires, outils et ustensiles, calculés largement toujours, peuvent se résumer ainsi qu'il suit :

	Fr.
Combustible pour le moteur à vapeur de la force de 11 20/00 chevaux, soit dans la proportion de 2 chevaux par série de 25 machines à cigarettes, mises sur place à l'usine (chap. XXIX). Disons 12 chevaux en chiffres ronds et calculant ce combustible à raison de 3 1/2 kilogrammes de consommation de charbon par cheval de force, et par heure de la durée du travail utile (10 par jour), et au prix de 100 francs par 1,000 kilogrammes.	10,500
Graisses et étoupes pour graisser et nettoyer les machines ; à raison de 20 francs par jour. . .	5,000
Matériaux pour les réparations du matériel mécanique ; à raison de 25 francs par jour (?) . . .	6,250
Achat d'outils pour l'atelier de réparation du matériel mécanique (?)	5,000
Ensemble.	26,750
Imprévus	1,250
Total en chiffres ronds	28,000

XXXIV

Comme frais généraux, en supputant leurs montants avec toute largesse, on peut les fixer comme suit :

	Fr.
Nourriture et autres frais de 4 chevaux de trait, soit 2 chevaux par camion, pour le service des transports de l'usine en ville, à raison de 100 francs par mois et par cheval.	4,800
Frais des transports en province de 250,000,000 cigarettes (voir chap. XXV) pesant chacune 80 centigrammes (chap. IV) et 14 centigrammes du poids proportionnel de l'étui, soit 3 1/2 grammes par étui de 25 cigarettes (chap. XIV), ce qui représente 14 centigrammes par cigarette et correspond à un poids total de 94 centigrammes par cigarette, représentant ensemble 235,000 kilogrammes, qui s'élèvent à 352,500 kilogrammes si on y ajoute 50 0/0 (!) pour le poids des boîtes d'emballage en carton et des caisses de transport en bois; à raison de 5 centimes par kilogramme brut	17,625
Éclairage et chauffage; à raison de 25 francs par jour.	6,250
Renouvellement et réparations des meubles et ustensiles ; à raison de 50 francs par jour.	12,500
Loyers; à raison de 100 francs par jour (?). . . .	25,000
Impôts et contributions (?).	25,000
Assurance contre l'incendie; à raison de 1 1/2 0/0 (?) par an sur une somme égale au montant du capital effectif espèces de la Société, fixé en moyenne dans la proportion de 10,000 francs par machine à cigarettes en fonctionnement et de rechange mise sur place à l'usine, soit, pour	
A reporter . .	91,175

	Fr.
Report . .	91,175

les 140 machines indiquées au chap. XXVII, un capital de 1,400,000 francs (disons en chiffres ronds 1,500,000 francs), divisé en 3,000 actions de 500 francs et employé comme suit :

350,000 francs en matériel mécanique, meubles, outils et ustensiles, estimés en terme moyen dans la proportion de 2,500 francs par machine à cigarettes.

10,000 francs en chevaux, harnais et camions.

140,000 francs en frais de premier établissement.

1,000,000 francs en fonds de roulement.

Total 1,500,000 francs.

Soit pour l'assurance, ci	22,250
Amortissement moyen de 150 actions au pair, par année.	75,000
Prime moyenne d'amortissement ; à raison de 5 0/0 par année écoulée sur les 150 actions ci-dessus, sorties par tirage annuel.	39,375
Intérêts fixes, en terme moyen annuel ; à raison de 20 0/0 par an sur le montant des actions non amorties, en supposant un amortissement annuel de 150 actions	157,500
Amortissement de la valeur de tout le matériel machines, ainsi que des outils, meubles et ustensiles, soit 350,000 francs ; à raison de 5 0/0 par an.	17,500
Amortissement de la part de capital représentée par la valeur des chevaux et camions ; à raison de 5 0/0 par an.	500
A reporter . .	403,000

Report	403,000
Amortissement du montant des frais de premier établissement, soit 140,000 francs ; à raison de 5 0/0 par an.	7,000
Ensemble.	410,000
Imprévus	9,700
Total en chiffres ronds.	420,000

XXXV

Les frais administratifs annuels de la Société peuvent, en les fixant avec luxe, croyons-nous, être estimés, à Buenos-Ayres, comme suit :

1° Conseil d'administration.

	Fr.
1 Directeur général.	50,000
1 Sous-Directeur général.	45,000
4 Administrateurs, à 25,000 francs.	100,000
1 Conseil judiciaire.	25,000
1 Censeur	20,000
1 Secrétaire général.	15,000
Ensemble.	255,000

(Nota. — Il sera, en outre, attribué au Conseil d'administration 2 1/2 0/0 sur les bénéfices nets de la Société, voir chap. XL.)

2° Employés d'administration.

	Fr.
1 Teneur de livres.	15,000
1 Caissier	15,000
2 Correspondants, à 12,500 francs	25,000
1 Chef du contentieux	12,000
A reporter.	67,000

	Fr.
Report	67,000
4 Employés de 1re classe, à 10,000 francs.	40,000
4 Id. de 2e classe, à 8,000 francs.	32,000
4 Id. de 3e classe, à 6,000 francs.	24,000
2 Garçons de caisse, à 5,000 francs	10,000
2 Garçons de bureau, à 3,000 francs	6,000
1 Concierge.	3,000
Ensemble.	182,000

(Nota. — Il sera en outre attribué à ce personnel 1 1/4 0/0 sur les bénéfices nets de la Société, voir chap. XL.)

3o Frais d'administration.

Loyers des bureaux, frais de poste, de télégraphe, d'impressions, de fournitures, de publicité, etc., à raison de 200 francs par chacun des 250 jours de travail de l'année solaire.	50,000

Résumé.

1o Conseil d'administration.	255,000
2o Employés d'administration.	182,000
3o Frais d'administration	50,000
Ensemble.	487,000
Imprévus.	13,000
Total en chiffres ronds.	500,000

Cette somme représente 2,000 francs pour chacun des 250 jours de travail que compte l'année solaire.

XXXVI

Les charges variables annuelles dont les montants sont à déterminer d'après celui du prix de revient des cigarettes, sont comme suit :

1° Surcharge pour compenser les pertes subies par l'entreprise, pour faillites ou pour manque de payements de ses correspondants ou des acheteurs de cigarettes ; 1 1/4 0/0 sur les frais fixes de revient des cigarettes, ce qui équivaut à une proportion de 25,000 cigarettes, ou 1,000 étuis de 25 cigarettes, par jour de travail.

2° Prélèvement pour compenser les avaries en cigarettes fabriquées et en matières servant à leur fabrication pendant la fabrication même, ainsi que pour tenir compte des manques de cigarettes qui auraient été fumées à l'usine ou données comme échantillons, ou qui seraient autrement disparues ; 1 1/4 0/0 sur les frais fixes de revient des cigarettes, ce qui équivaut à une proportion de 25,000 cigarettes, ou 1,000 étuis de 25 cigarettes, par jour de travail.

3° Redevance pour brevets d'invention des machines et appareils ascessoires ; 5 0/0 sur le prix total de revient des cigarettes, y compris les frais fixes de revient et les charges variables, ce qui équivaut à une proportion de 102,500 cigarettes, ou 4,100 étuis de 25 cigarettes, par jour de travail.

XXXVII

D'après les détails contenus dans les trente-six chapitres qui précèdent, la fabrication journalière de 2,000,000 cigarettes, du module dit havanais (chapitre IV), mises en 80,000 étuis de 25 pièces (chapitre XIV), dont 1/4 seront mis dans des boîtes d'emballage en carton, et 1/2 dans des caisses de transport en bois (chapitre XXV), coûteront comme suit :

	Fr.
1° Tabac (chap. IV)	2,071,300
2° Déballage et arrosage du tabac (chap. V). . .	22,000
3° Écotage du tabac (chap. VI).	39,000
4° Macération, séchage et laminage des côtes (chap. VII).	5,000
A reporter.	337,000

	Fr.
Report.	337,300
5° Coloration, égouttage et mélange des côtes (chap. VIII)	5,000
6° Hachage (chap. IX).	22,000
7° Papier à cigarettes (chap. X)	312,500
8° Déballage et apprêt du papier à cigarettes (chap. XI).	3,750
9° Découpage du papier à cigarettes (chap. XII).	10,000
10° Empaquetage du papier à cigarettes (chap. XIII).	25,000
11° Papier cartonné pour étuis (chap. XIV). . . .	175,000
12° Impression chromolithographique du papier des étuis (chap. XV)	25,000
13° Impression lithographique du papier des étuis (chap. XVI)	12,000
14° Impression typographique du papier des étuis (chap. XVII).	12,000
15° Découpage des étuis (chap. XVIII).	10,000
16° Gauffrage des étuis (chap. XIX).	6,000
17° Pliage, collage et moulage des étuis (chap. XX)	30,000
18° Alimentation des appareils à compter les cigarettes (chap. XXI).	12,000
19° Comptage des cigarettes (chap. XXII).	12,000
20° Emboîtement des cigarettes (chap. XXIII). . .	12,000
21° Fermeture des étuis (chap. XXIV).	12,000
22° Boîtes d'emballage en carton (chap. XXV) . .	100,000
23° Caisses de transport en bois (chap. XXVI) . .	40,000
24° Personnel spécial des machines à cigarettes et leurs appareils accessoires (chap. XXX) . . .	390,000
25° Personnel attaché au matériel ordinaire de mécanique (chap. XXXI)	65,000
26° Personnel destiné aux services non mécaniques (chap. XXXII).	280,000
27° Frais spéciaux de fabrication (chap. XXXIII).	28,000
28° Frais généraux (chap. XXXIV).	420,000
29° Frais administratifs (chap. XXXV).	500,000
Montant des frais fixes A reporter. . . .	4,656,550

	Fr.
Report.	4,656,550
Frais variables à ajouter :	
30° Surcharge pour compenser les faillites et manque de payement des correspondants et acheteurs (chap. XXXVI) 1 1/4 0/0.	58,207
31° Prélèvement pour compenser les avaries et manques de cigarettes (chap. XXXVI) 1 1/4 0/0	58,207
Ensemble . . . . Fr.	4,772,964
32° Redevance pour brevets d'invention (chap. XXXVI), 5 0/0.	238,648
Montant total du prix de revient. . . Fr.	5,011,612

XXXVIII

Les dimensions ordinaires et le poids moyen des cigarettes qu'on expédie de la Havane à Buenos-Ayres, sont comme suit (chap. Ier) :

Longueur	65 millim.	
Grosseur.	6 —	
Poids du tabac . . .	40 centigr.	
d° du papier. . .	10 —	(7 à 10 ?)
d° total	50 —	

Ces cigarettes sont simplement mises dans des paquets ordinaires cylindriques, formés avec des étiquettes en papier, dont seulement une petite partie sont chromolithographiées, les restantes étant imprimées sur du papier colorié.

Les paquets dont on vient de parler contiennent 23 cigarettes, et leur prix de vente en gros est de 4 fr. 72 c. 1/2 (=90 centièmes de piastre forte) la douzaine de paquets, ce qui représente 39 centimes 3/8 (= 7 1/2 centièmes de piastre forte) par paquet.

Les débitants vendent au détail lesdits paquets au prix de 52 1/2 centimes (=10 centièmes de piastre forte), c'est-à-dire avec un bénéfice de 33 1/3 0/0 sur le prix auquel ils les achètent en gros.

D'après les détails que nous avons donnés au chapitre IV, les cigarettes que produisent actuellement les machines Susini ont les dimensions et le poids moyen suivants :

Longueur	70 millim.	
Grosseur.	7 —	
Poids du tabac	70 centigr.	
— du papier.	10 —	(8 à 10?)
— total	80 —	

Entre les dimensions et poids de ces cigarettes et les dimensions et poids ci-dessus indiqués pour les cigarettes importées de la Havane, il y a les différences suivantes en faveur des acheteurs des cigarettes produites par les machines Susini.

Dans la longueur.	7 14/00-0/0
Dans la grosseur	14 28/00 —
Dans le poids du tabac	42 85/00 —
Dans le poids total	37 50/00 —

En outre, les paquets de cigarettes importés de la Havane, ne contenant que 23 cigarettes, et les étuis dont il est question dans cette étude contenant 25 cigarettes, les acheteurs de ces derniers trouveront aussi un avantage de 8 0/0 dans le nombre de cigarettes, en donnant la préférence aux étuis de la Société anonyme Argentine.

Nonobstant ces avantages considérables, nonobstant les avantages que présentent les étuis que nous avons décrits au chapitre XIV sur les paquets ordinaires de la Havane, et nonobstant la perfection et la plus grande propreté des cigarettes faites par les machines Susini, nous voulons supposer dans cette étude que la Société vendra les cigarettes de sa fabrication, empaquetées comme il est indiqué audit chapitre XIV, et emballées comme il est expliqué au chapitre XXV, aux mêmes prix auxquels on vend à Buenos-Ayres les paquets ordinaires cylindriques de cigarettes de la Havane, et cela dans les proportions suivantes :

1/4 — soit 125,000,000 cigarettes, ou 5,000,000 étuis de 25 cigarettes ; vendus au détail dans les dépendances de la Société, au prix de 52 1/2 centimes (= 10 centièmes de piastre forte) l'étui.

1/4 — soit 125,000,000 cigarettes, mis en boîtes d'emballage en carton, mais non pas emballés dans des caisses de transport en bois ; vendus en gros à Buenos-Ayres au prix de 39 3/8 centimes (= 7 1/2 centièmes de piastre forte) l'étui.

1/2 — soit 250,000,000 cigarettes, ou 10,000,000 étuis de 25 cigarettes, emballés dans des caisses de transport en bois; vendus en gros en province au prix de 42 centimes (= 8 centièmes depiastre forte) l'étui, emballage et frais de transport compris afin de consentir aux débitants un bénéfice de 25 0/0 dans leurs ventes au détail au prix de 52 1/2 centimes (= 10 centièmes de piastre forte) l'étui.

Dans ces conditions, les recettes annuelles de la Société anonyme Argentine seront comme suit :

	Fr.
125,000,000 cigarettes, ou 5,000,000 étuis de 25 cigarettes, vendus au détail, au prix de 52 1/2 centimes (= 10 centièmes de piastre forte)	2,625,000
125,000,000 cigarettes, ou 5,000,000 étuis de 25 cigarettes, mis en cartons d'emballage et vendus à Buenos Ayres, en gros, au prix de 39 3/8 centimes (= 7 1/2 centièmes de piastre forte)	1,968,750
250,000,000 cigarettes, ou 10,000,000 étuis de 25 cigarettes, emballés dans des caisses de transport en bois, vendus en province, en gros, au prix de 42 centimes (= 8 centièmes de piastre forte), y compris l'emballage et les frais de transport.	4,200,000
Recette totale	8,793,750

XXXIX

BALANCE.

	Fr.
Recettes: — Produit de la vente des cigarettes (chap. XXXVIII).	8,793,750
Déboursés: — Montant total du prix de revient (chap. XXXVII) . . . . , ...	5,011,612
Reste, comme bénéfice net pour 250 jours de fabrication dans une année	3,782,138

Ce bénéfice représente 252-14/00-0/0 par an, sur les 1,500,000 francs du montant du capital effectif de la Société. (chap. XXXIV).

A la rigueur, il faut ajouter à ce résultat, pour les sommes qui ont été inscrites au compte de frais généraux (chap. XXXIV), ce qui suit:

5-0/0 pour les 75,000 francs de l'amortissement des actions.

2-62/00-0/0 pour les 39,375 francs de la prime d'amortissement des actions.

10-50/00-0/0 pour les 157,500 francs des intérêts fixes des actions.

1-16/00-0/0 pour les 17,500 francs de l'amortissement de la valeur du matériel de mécanique, meubles et ustensiles.

0-03/00-0/0 pour les 500 francs de l'amortissement de la valeur des chevaux, camions et harnais.

0-46/00-0/0 pour les 7,000 francs de l'amortissement du montant des frais de premier établissement.

19-77/00-0/0 qui, réunis aux 252-14/00-0/0 ci-dessus, donnent un bénéfice total annuel de 271-91/00-0/0 sur ledit capital effectif de 1,500,000 francs.

XL.

LIQUIDATION DES BÉNÉFICES.

	Fr.
Montant du bénéfice des 250 jours de l'année d'exercice de la Société (chap. XXXIX).	3,782,138
A déduire :	
1° Consignation de 5 0/0 aux promoteurs de l'entreprise, concessionnaires de l'exploitation industrielle à la République Argentine des machines de la Compagnie française de Tabacs et de M. le comte de Susini-Ruiseco.	189,106
Reste	3,593,032
2° Prélèvement de 10 0/0 pour augmenter le développement progressif des opérations industrielles de la Société, tant que le permettront les besoins de la consommation, ou l'importance des commandes	359,303
Reste	3,233,729
3° Consignation de 2 1/2 0/0 au Conseil d'administration de la Société.	80,843
Reste	3,152,886
4° Consignation de 2 1/2 0/0 aux employés supérieurs des bureaux et des ateliers	78,822
Reste	3,074,064
5° Redevance de 5-00/0 due à la Compagnie française de Tabacs et à M. le comte de Susini-Ruiseco, pour prix de la cession de l'Exploitation industrielle de leurs machines à la République Argentine.	1,537,032
Somme qui résulte liquide, dans une année d'exercice pour être distribuée aux porteurs d'actions du capital effectif.	1,537,032

Ce résultat liquide représente 102 46/00 0/0 par an sur le capital souscrit, en dehors des 19 77/00 0/0 qui ont été indiqués à a fin du chapitre XXXIX, ainsi qu'en dehors de 23 95/00 0/0 que représentent les 359,303 francs qui ont été prélevés dans le présent chapitre pour augmenter le développement industriel de la Société.

En réunissant toutes ces quotités, le résultat définitif s'élève à 146 18/00 0/0 par an, sur le montant du capital souscrit, soit 1,500,000 francs, en dehors, c'est-à-dire, après avoir déduit la redevance attribuée à la Compagnie française de Tabacs et à M. le comte de Susini-Ruiseco.

REMARQUES.

A

Le résultat définitif que nous venons de démontrer au dernier chapitre qui précède est, sans doute, surprenant. En effet, quelle est l'entreprise qui peut en présenter un semblable pour le Capttal ? = 150 0/0 à peu près par an !

Nous pouvons cependant affirmer que ledit résultat ne représente que le minimum des bénéfices sur lesquels la Société anonyme Argentine doit assurément compter.

A ce propos, nous ferons remarquer les faits saillants suivants de nos devits :

1° Nous avons excessivement exagéré tous les frais, ainsi que le coût des matières de fabrication, les appointements, les salaires, etc., etc. ;

2° Nous avons supposé une installation d'un nombre de machines à cigarettes et d'appareils à tablettes de tabac, beaucoup plus grand que celui qu'il sera positivement nécessaire d'employer dans l'usine pour fabriquer le nombre de cigarettes qui nous a servi de base pour cette étude (chap. XXVII) ;

3° En vertu de ce que nous disons à l'alinéa précédent, le personnel d'ouvriers et d'employés supputé dans nos calculs arithmétiques se trouve naturellement très-surchargé en nombre ;

4° Nous avons attribué une somme de plus de 116,000 francs par an à la compensation de pertes éventuelles en cigarettes et en fautes de payement des acheteurs;

5° Nous avons abandonné en faveur des acheteurs, un avantage de plus de 42 0/0 sur le poids du tabac des cigarettes, et de 8 0/0 dans le nombre de celles-ci, comparativement au poids et au nombre de celles qu'ils achètent aujourd'hui, pour un prix égal à celui que nous avons fixé pour la vente des cigarettes de la Société;

6° Nous avons établi les prix de vente des cigarettes de manière à permettre aux débitants de gagner 25 et 33 1/3 0/0 sur les prix de leurs achats, sans avoir à modifier ceux que le public est habitué à payer à présent à Buenos-Ayres ;

7° Nous avons estimé que les frais de l'administration de la Société s'élèveront à la somme de 500,000 francs par an;

8° A titre de frais imprévus, nous avons surchargé nos devis, déjà exagérés eux-mêmes, de plusieurs milliers de francs.

B

Les bénéfices de la Société anonyme Argentine seraient encore très-considérables, même si elle vendait toutes ses cigarettes, à 4 fr. 20 c. (=80 centièmes de piastre forte) la douzaine d'étuis de 25 cigarettes, au lieu du prix de 4 fr. 72 1/2 centimes (= 99 centièmes de piastre forte) auquel nous avons dit au chapitre XXXVIII qu'on vend en gros à Buenos-Ayres la douzaine de paquets ordinaires de 23 cigarettes importées de la Havane.

Malgré la différence de 12 1/2 0/0 qui existe entre ces deux prix, voici quel en serait le résultat pour la Société:

Recettes : Produit de la vente en gros à Buenos-Ayres et en province, de 500,000,000 cigarettes, soit 20,000,000 étuis de 25 cigarettes, au prix de 4 fr. 20 c. (=80 centièmes de piastre forte) la douzaine, soit à 34 99/00 centimes (=6 2/3 centièmes de piastres forte) l'étui, ce qui équivaut au prix de 1 fr. 05 c. (= 1 peseta ou 20 centièmes de piastre forte pour 3 étuis). . . . . . Fr. 6,998,000

Déboursés: Montant total du prix de revient des cigarettes (chapitre XXXVII) 5,011,612

Reste comme bénéfice net. 1,986,388

Ce bénéfice représente 132 42/00 pour cent par an, sur le capital souscrit de la Société (1,500,000 francs), non compris les 19 77/00 0/0 que nous avons indiqués à la fin du chapitre XXXIX, et qui élèvent réellement ledit résultat à 152 19/00 0/0.

C

Les prix de vente des cigarettes sont toujours naturellement en rapport avec les qualités du tabac qu'elles contiennent.

Or, cette étude faite en supposant l'emploi de tabac de la Havane, est applicable à la fabrication des cigarettes faites avec toute autre sorte de tabac, à la condition d'établir dans les démonstrations les modifications nécessaires quant aux prix du tabac employé et aux prix de la vente des cigarettes, tous les autres frais et produits restant les mêmes, quelle que soit la qualité du tabac employé.

Paris, le 11 mai 1873.

Comte de SUSINI-RUISECO.

TRAITÉ

Entre les Soussignés :

1° Le comte de Susini-Ruiseco, propriétaire, demeurant à Paris, rue Lavoisier, n° 22,

« Agissant tant en son nom personnel que comme adminis-
« trateur-directeur de la Compagnie française de Tabacs, domi-
« ciliée à Paris, boulevard Haussmann, n° 27 ;

D'une part ;

2° M. Charles de España, ministre plénipotentiaire en disponibilité, demeurant à Paris, rue Baudin, n° 7.

« Agissant tant en son nom personnel que comme représentant son
« frère, M. Adolphe de España, demeurant temporairement à Paris,
« rue Lafayette, n° 52 ; »

D'autre part ;

Il a été exposé ce qui suit :

M. le comte de Susini-Ruiseco a déclaré, tant en son nom qu'au nom de la Compagnie française de Tabacs, qu'ils sont propriétaires de plusieurs brevets français relatifs à un bouquin pour Papyros (cigarettes russes), dit bouquin épurateur végétal, dont MM. Charles et Adolphe de Espana ont vu un spécimen, et concernant aussi divers types de machines et appareils accessoires que lesdits MM. Charles et Adolphe de España ont vu fonctionner dans les ateliers de M. Eugène Durand, ingénieur-constructeur, avenue d'Eylau, n° 143, et de M. Henry Gauchot, rue Moret, n° 32, lesquels outils sont connus sous les noms de « Machines et appareils Susini », étant destinés à la fabrication mécanique de différents modules de cigarettes et papyros, dont MM. Charles et Adolphe de España ont vu également les échantillons.

M. Charles de España, tant en son nom qu'au nom de son frère M. Adolphe, a, en conséquence, proposé à M. le comte de Susini-Ruiseco ès noms, de renoncer en faveur d'une Société anonyme

Orientale, ou Argentine, qu'ils formeront, et pendant une période de vingt ans, à l'exploitation industrielle du bouquin épurateur végétal et des machines et appareils qui ont été mentionnés, avec leurs perfectionnements actuels et futurs, dans la République Orientale de l'Uruguay et dans la République Argentine.

M. le comte de Susini-Ruiseco ès noms, ayant accepté la proposition de MM. Charles et Adolphe de España, les conventions suivantes sont intervenues entre les parties;

Art. 1.

M. le comte de Susini-Ruiseco ès noms s'engage, envers MM. Charles et Adolphe de España, à renoncer en faveur d'une Société anonyme Orientale ou Argentine, qu'ils formeront, et, cela, à l'exclusion de toute personne, pendant une période de vingt années consécutives, qui prendront cours depuis la ratification des présentes, à l'exploitation industrielle dans la République Orientale de l'Uruguay et dans la République Argentine, du bouquin épurateur végétal et des machines et appareils accessoires, dits Susini, brévetés déjà en France, qui le seront aussi dans la République Orientale de l'Uruguay et dans la République Argentine, au nom et par les soins de la Compagnie Française des Tabacs et de M. le comte de Susini-Ruiseco s'ils le voulaient ainsi, ou autrement par les soins de MM. Charles et Adolphe de España, mais toujours aux frais de la Société expérimentale dont il sera parlé dans ces présentes.

Art. 2.

MM. Charles et Adolphe de España s'engagent, envers M. le comte de Susini Ruiseco ès-noms, à constituer à Montevideo ou à Buenos-Ayres, une Société anonyme Orientale ou Argentine, dont la durée sera de vingt années consécutives à compter du jour de la ratification des présentes, dont le titre serait celui de *Sociedad Anonima Argentina (ou Oriental) para la fabricacion mecânica de Cigarillos y Papiros*, ou tout autre analogue et dont l'objet serait celui de faire l'exploitation qui est indiquée à l'article précédent.

Art. 3.

Le capital effectif de fondation de la Société sera de cinq cent mille francs (cent mil lepiastres fortes), divisés en mille actions de cinq cents francs (cent piastres fortes).

ART. 4.

Il sera créé par la Société anonyme Orientale ou Argentine, deux mille certificats de propriété et jouissance, numérotés depuis le numéro un à deux mille, dont la moitié, soit les mille certificats numéros mille un à deux mille, sera remise à la Compagnie française de Tabacs et à M. le comte de Susini-Ruiseco comme prix des renonciations mentionnées à l'article premier ci-dessus.

ART. 5.

L'autre moitié des certificats de propriété et jouissance, soit les mille certificats numéros un à mille, sera remise aux souscripteurs du capital effectif de fondation, dans la proportion d'un certificat pour chaque action souscrite, chaque certificat devant porter le numéro correspondant à l'action à laquelle il sera annexé.

ART. 6.

Les actions du capital effectif de fondation ne participeront pas aux bénéfices de la Société, mais elles jouiront d'un intérêt fixe à raison de vingt pour cent par an, payable par semestres échus, et, tant qu'elles ne seront pas amorties, elles seront considérées comme ayant tout droit de préférence à la propriété de l'actif de la Société, en cas de sa liquidation éventuelle avant l'échéance de la période sociale.

ART. 7.

De même, les actions du capital effectif de fondation seront progressivement amorties avec une prime annuelle de cinq pour cent comptés depuis leur émission jusqu'à leur extinction, qui se fera par tirages annuels.

Afin d'opérer cette extinction et de payer la prime qui vient d'être mentionnée, il sera affecté dix pour cent des bénéfices de la Société Orientale ou Argentine, lesquels dix pour cent seront prélevés comme il sera dit plus bas.

Art. 8.

Le payement des intérêts fixes et le prélèvement pour l'amortissement et la prime dont il est question aux articles sixième et septième cesseront dès que les actions du capital effectif de fondation seront amorties, et, à partir de ce moment, les certificats de propriété et de jouissance représenteront seuls les titres de propriété de la Société.

Art. 9.

Une augmentation de cinq pour cent sera toujours ajoutée, à titre de redevance des brevets d'invention, au prix réel de revient de tout objet fabriqué par la Société Orientale ou Argentine, et le montant desdits cinq pour cent appartiendra exclusivement à la Compagnie Française de Tabacs et à M. le comte de Susini-Ruiseco, qui recevront ce montant par trimestres échus.

Art. 10.

Le nombre minimun de machines à cigarettes et papyros que la Société Orientale ou Argentine devra avoir dans ses ateliers, autant en fonctionnement que servant de rechange, sera établi dans la proportion d'une machine par chaque somme de dix mille francs (deux mille piastres fortes) composant le capital effectif primitif de fondation, ainsi que le montant du prélèvement sur les bénéfices qui sera indiqué plus bas comme étant destiné à augmenter le développement progressif des opérations industrielles de la Société, tant que le permettront la consommation dans le pays et les commandes de cigarettes et papyros fabriqués mécaniquement. Lesdites machines, dont vingt pour cent seront considérées comme le nombre maximum de celles destinées à servir de rechange, devront fonctionner à la vapeur dans les ateliers de la Société pendant deux cent cinquante jours en moyenne par année, et au moins, pendant dix heures de travail utile par jour, marchant à la vitessse maxima qui sera consentie pour la bonne fabrication des produits.

Art. 11.

Les bénéfices de la Société seront distribués au prorata entre la totalité des deux mille certificats de propriété et jouissance dont il a été parlé à l'article quatrième.

Art. 12.

La répartition des bénéfices se fera dans la forme suivante :

A. On prélèvera d'abord :

Les frais généraux de fabrication, d'exploitation et d'administration, dont ce qui suit fera partie.

1° Cinq pour cent sur le montant représenté par les frais indiqués à l'alinéa précédent, pour couvrir les cinq pour cent de redevance dont il est question à l'article neuvième.

2° Cinq pour cent par an sur le montant des frais spéciaux de premier établissement, pour les amortir progressivement jusqu'à l'extinction de leur montant.

3° Le montant des intérêts fixes payables aux actions non amorties du capital effectif de fondation, et la prime d'amortissement indiquée à l'article septième.

B. Déduction faite des prélèvements ci-dessus, on prendra sur le reliquat au moins dix pour cent, ou la quotité de plus qui sera nécessaire pour amortir annuellement au moins cinquante actions du capital effectif de fondation, mais, cela, seulement jusqu'à ce que toutes ces actions soient amorties.

Le prélèvement minimum de dix pour cent, dont il est question au paragraphe qui précède, pourra être élevé jusqu'à vingt pour cent, à la décision des assemblées générales de la Société.

C. Le reliquat qui résultera après les prélèvements des litteras A et B ci-dessus, constituera le montant des bénéfices nets à partager, dont la distribution sera faite comme suit :

1° Cinq pour cent seront attribués à MM. Charles et Adolphe de España, à titre de droit de création de l'entreprise à la République Orientale de l'Urugay et à la République Argentine;

2° Deux et demi pour cent seront attribués au personnel formant le Conseil d'Administration de la Société, en outre des appointements fixes qui seront attribués à ce personnel d'après les us et coutumes du pays ;

3° Deux et demi pour cent seront attribués aux employés supérieurs des bureaux et des ateliers, d'après les répartitions votées par le Conseil d'Administration, en tenant compte des services rendus par lesdits employés et de leur mérite ;

4° Dix pour cent seront destinés à augmenter le développement progressif des opérations industrielles de la Société, en augmentant le matériel mécanique, et cela tant que le permettront les besoins de la consommation des cigarettes et papyros dans la République Orientale de l'Uruguay et dans la République Argentine, ou l'importance des commandes adressées à la Société;

5° Quatre vingt pour cent seront distribués au prorata entre tous les porteurs des certificats de propriété et de jouissance.

Art. 13.

Les porteurs de certificats de propriété et jouissance auront seuls droit d'assister et de voter aux Assemblées générales ordinaires et extraordinaires de la Société, par ce fait que les actions seront toujours représentées par les mille certificats de propriété et jouissance numéros à un mille, aux termes des clauses des articles cinquième, sixième, septième et ethuitième.

Art. 14.

Lorsque, de l'avis d'une Assemblée générale, devra cesser le prélèvement des dix pour cent dont il est question à l'alinéa quatrième du littera C de l'article douzième, soit le prélèvement destiné à l'augmentation progressive du matériel mécanique, le montant qu'aurait représenté ce prélèvement, s'il avait été fait, compterait comme une partie des bénéfices à distribuer.

Art. 15.

Par dérogation à ce qui est dit à l'alinéa quatrième du littera C de l'article douzième, l'Assemblée générale aura, au cours d'un exercice quelconque, la faculté de décider l'augmentation du matériel mécanique, en affectant à cet effet une partie des bénéfices obtenus pendant ledit exercice, et, cela, dans les proportions qu'elle jugera opportunes, sans attendre le relevé du bilan annuel de la Société et sans préjudice de ce qui est établi audit alinéa quatrième du littera C de l'article douzième.

Art. 16.

Afin de faciliter la formation définitive de la Société Orientale ou Argentine dont il été parlé jusqu'ici, ainsi que pour faire face à tous frais spéciaux, à la prise préalable des brevets dans la République Orientale de l'Uruguay et dans la République Argentine, et pour faire face aussi aux études et aux essais préliminaires de l'entreprise, MM. Charles et Adolphe de España, sont autorisés dès à présent à constituer une Société expérimentale, aux termes suivants :

I. — Ils émettront cent actions de cinq cents francs (cent piastres fortes) chacune, pour former ainsi un capital espèces d'essai de cinquante mille francs (dix mille piastres fortes).

II. — Les souscripteurs de ces cent actions du capital espèces d'essai seront considérés comme promoteurs de la Société définitive, et ils jouiront des avantages suivants :

(a). A la constitution de la Société définitive, ils recevront au prorata de leurs souscriptions au capital espèces d'essai, cent actions libérées du capital effectif de fondation, chacune de la valeur de cinq cents francs (cent piastres fortes), et chacune de ces actions libérées, données en échange des actions du capital espèces d'essais, sera accompagnée d'un des certificats de propriété et jouissance dont il a été parlé à l'article quatrième, portant un numéro qui correspondra à celui de l'action à laquelle ledit certificat sera annexé.

Ces cent actions libérées porteront les numéros un à cent.

(b). Ils auront la préférence pour souscrire, au taux d'émission, jusqu'au nombre de quatre cents actions, portant les numéros cent un à cinq cents, du capital effectif de fondation de la Société définitive, chaque action souscrite du capital espèces d'essai de la Société expérimentale donnant droit à souscrire seulement à quatre actions du capital effectif de fondation de la Société définitive, et étant bien entendu que les autres cinq cents actions numéros cinq cent un à mille, de cette dernière catégorie, resteront à la disposition du public.

(c) Les cent actions du capital espèces d'essai de la Société expérimentale jouiront d'un intérêt fixe, à raison de vingt-quatre pour cent par an, à compter du jour du versement de leur montant, jusqu'à celui de la constitution de la Société définitive.

ART. 17.

Tous les frais en général occasionnés pour la formation des Sociétés expérimentale et définitive, seront à la charge de MM. Charles et Adolphe de España, mais leur montant, ainsi que celui des intérêts du capital espèces d'essai de la Société expérimentale, seront portés au compte des frais spéciaux de premier établissement de la Société définitive, afin que leur importance totale soit amortie avec le montant des cinq pour cent par an qui devront être pris sur les bénéfices, comme il est dit à l'alinéa troisième du littera A de l'article douzième.

ART. 18.

Les bénéfices nets que produira la Société expérimentale, déduction faite de frais de fabrication, d'exploitation et d'administration, du coût des matériaux, de la redevance de cinq pour cent dont il a été parlé à l'article neuvième, et des frais généraux de l'essai que ladite Société expérimentale aura pour but, seront partagés par moitié entre les souscripteurs au capital espèces d'essai et la Compagnie Française de tabacs, conjointement avec M. le comte de Susini-Ruiseco, ces deux derniers ne devant en aucun cas participer aux pertes de fondation.

ART. 19.

A la constitution de la Société définitive tout le matériel de la Société expérimentale lui sera transféré, et les souscripteurs au capital espèces d'essai recevront, en échange de chacune de leurs actions, l'action libérée du capital effectif de fondation de la Société définitive qui a été mentionnée au littera A de la clause deuxième de l'article seizième.

ART. 20.

La Compagnie Française de tabacs et M. le comte de Susini-Ruiseco construiront à Paris les machines à cigarettes et Papyros et leurs appareils accessoires, que pourront nécessiter la Société expérimentale et la Société définitive, conformément aux types dont il a été parlé au préambule de ces présentes.

ART. 21.

M. le comte de Susini-Ruiseco ayant fait les études d'une machine à fabriquer les papyros (cigarettes russes) à bouquin cylindrique en papier cartonné avec ou sans spires, s'engage à construire ladite machine pour compte et aux risques et périls de la société définitive, si elle le jugeait ainsi nécessaire pour l'exploiter industriellement dans la République Orientale de l'Uruguay et dans la République Argentine, où, toutefois, les brevets de cette machine seraient pris au nom de M. le comte de Susini-Ruiseco, mais aux frais de ladite société définitive.

ART. 22.

Aux mêmes conditions de l'article précédent, M. le comte de Susini-

Ruiseco s'engage à faire, ou à faire faire les études, et à construire des machines qui fabriqueraient des cigarettes avec du tabac juteux, genre brésilien, et des cigarettes enveloppées en paille de maïs au lieu de l'être en papier, les cigarettes dans l'un et l'autre cas devant être collées ou non collées et à bouts ouverts ou fermés.

Art. 23.

Autant la Société expérimentale que la Société définitive payeront à la Comagnie française de Tabacs et à M. le comte de Susini-Ruiseco les machines et appareils accessoires dont il a été question jusqu'ici, d'après les us et coutumes de Paris et au prix simple de construction augmenté de dix pour cent, le tout aux conditions des contrats qu'ils auront passés avec leurs constructeurs, lesquelles devront être respectées par lesdites sociétés.

Art. 24.

Si la Société définitive ne venait pas à être constituée, la Compagnie française de Tabacs et M. le comte de Susini-Ruiseco reprendraient, à Paris, avec un rabais de vingt-cinq pour cent sur les prix auxquels les livraisons auraient été faites par eux, les machines et appareils accessoires qu'ils auraient fournis à la Société expérimentale, mais ceci à la condition que lesdites machines et appareils leur seraient rendus en bon état de fonctionnement, car autrement ils n'auraient rien à rembourser à la reprise de ce matériel, qui leur appartiendrait quand même.

Art. 25.

Il est entendu que ni MM. Charles et Adolphe de España, ni la Société expérimentale, ni la Société définitive n'auront la faculté de construire aucune machine ni appareil accessoire des systèmes compris dans les brevets appartenant à la Compagnie française de Tabacs, ou à M. le comte de Susini-Ruiseco, relatifs à cigarettes et papyros, soit pour les exploiter industriellement, soit pour les vendre, sans en avoir donné avis préalable et obtenu le consentement exprès, et facultatif en toute circonstance, de la Compagnie française de Tabacs et de M. le comte de Susini-Ruiseco.

Art. 26.

Les exercices industriels pour la formation des bilans annuels de la société définitive commenceront le premier janvier et finiront le trente et un décembre de chaque année.

Par exception, le premier bilan de la société définitive pourra comprendre les résultats de toutes les opérations de son exercice depuis le jour de sa constitution jusqu'au trente et un décembre mil huit cent soixante-quatorze.

ART. 27.

Le bilan démonstratif de la Société expérimentale sera dressé au plus tard le trente avril mil huit cent soixante-quatorze.

ART. 28.

Les Sociétés expérimentale et définitive tiendront constamment assurés contre l'incendie, et contre tous autres risques susceptibles d'être assurés, l'atelier ou les ateliers et toutes les dépendances qu'elles créeront, et, cela, pour une somme égale au moins à la valeur effective qui sera employée dans chaque établissement ou dépendance desdites Sociétés.

ART. 29.

A l'expiration de la période des vingt années stipulées comme durée de l'exploitation définitive dont il s'agit, comme les actions auront été amorties aux termes de l'article septième et du littera B de l'article douzième, tout l'actif afférent à cette exploitation sera partagé au prorata entre tous les porteurs de certificats de propriété et de jouissance de la société anonyme définitive.

ART. 30.

Si la Société définitive ne se constituait pas, ou si, par un accident imprévu, sa liquidation devait avoir lieu avant l'expiration des vingt années qui ont été fixées pour sa durée, la Compagnie française de Tabacs et M. le comte de Susini-Ruiseco rentreraient immédiatement dans tous leurs droits comme propriétaires libres et exclusifs des brevets du bouquin épurateur végétal et des machines et appareils accessoires dont il est question dans ces présentes, étant bien entendu qu'ils n'auraient aucune compensation, ni aucune somme à payer pour cette revendication.

ART. 31.

MM. Charles et Adolphe de España auront le droit de s'adjoindre, pour le projet dont il s'agit, toutes personnes qu'ils jugeront convenable de s'associer à quelque titre que ce soit, ou de céder leurs droits à des tiers qui seraient agréés par la Compagnie française de Tabacs et M. le comte de Susini-Ruiseco, lesquelles personnes auraient toujours à respecter les présentes conventions, tout en justifiant aussi de leurs moyens d'exécution.

Art. 32.

Au cas où la société expérimentale ne serait pas formée dans le délai de six mois à compter de cejourd'hui, ou en cas que la Société définitive ne serait pas constituée le trente et un mai de l'année mil huit cent soixante-quatorze au plus tard, les présentes conventions resteraient nulles et seraient considérées comme non avenues, sans donner lieu à compensation ni réclamation aucune de part ni d'autre, et la Compagnie française de Tabacs ainsi que M. le comte de Susini-Ruiseco rentreraient par le fait, sans avoir rien à rembourser, dans tous leurs droits actuels, redevenant maîtres de leurs actions.

Art. 33.

Les délais stipulés à l'article précédent prendront fin de plein droit par le seul fait de leur expiration, sans que les soussignés aient besoin de se faire mutuellement aucune sommation ou dénonciation.

Les négociations sérieuses pour les formations des Sociétés expérimentale et définitive auront à être constatées à Paris, deux mois avant les échéances des délais indiqués à l'article précédent, au domicile de la Compagnie française de Tabacs et de M. le comte de Susini-Ruiseco, au moyen d'un acte authentique officiel pouvant faire foi. Les constitutions définitives desdites Sociétés devront leur être prouvées dans la même forme avant les échéances des délais mentionnés à l'article trente-deuxième.

Art. 34.

Si les lois des républiques Orientale de l'Urugay et Argentine interdisaient la forme d'organisation qui résulte du texte de quelques-uns des articles de ces présentes, MM. Charles et Adolphe de España sont autorisés à les modifier, pourvu que le fond et l'esprit desdits articles ne soient pas affectés en essence, et que par des moyens légaux on arrive aux mêmes résultats qu'ils expliquent.

Art. 35.

Pour l'exécution de ces présentes les parties soussignées attribuent juridiction exclusive, en ce qui les concerne personnellement, ainsi que les tiers dont parle l'article trente et unième, au tribunal de commerce du département de la Seine, étant bien entendu, que, en cas de contestation, les frais d'enregistrement de ce traité seront à la charge de la partie succombante.

Fait à Paris, en autant d'originaux que de parties intéressées, le mercredi quatorze mai mil huit cent soixante-treize.

Approuvé :

(Signé) Comte de Susini-Ruiseco
(Signé) Ch. A. de España.
(Signé) Ad. de España.

Paris, imprimerie Paul Dupont, 41 rue J-J-Rousseau, 1770.5.3

PARIS
IMPRIMERIE ADMINISTRATIVE DE PAUL DUPONT
RUE J.-J.-ROUSSEAU, 41, (HOTEL DES FERMES)

www.ingramcontent.com/pod-product-compliance
Ingram Content Group UK Ltd.
Pitfield, Milton Keynes, MK11 3LW, UK
UKHW021135230726
13926UKWH00002B/822